산란의 자화상

산란의 자화상

1판 1쇄 발행 2025년 8월 4일

옮긴이 한유림

교정 신선미　편집 문서아　마케팅·지원 이창민

펴낸곳 (주)하움출판사　펴낸이 문현광

이메일 haum1000@naver.com　홈페이지 haum.kr
블로그 blog.naver.com/haum1000　인스타그램 @haum1007

ISBN 979-11-7374-133-3(03870)

좋은 책을 만들겠습니다.
하움출판사는 독자 여러분의 의견에 항상 귀 기울이고 있습니다.
파본은 구입처에서 교환해 드립니다.

이 책은 저작권법에 따라 보호받는 저작물이므로 무단전재와 무단복제를 금지하며,
이 책 내용의 전부 또는 일부를 이용하려면 반드시 저작권자의 서면동의를 받아야 합니다.

Dispersão
산란의 자화상

히움

차례

작가 소개 · 8

산란의 자화상

I. 떠나는 이의 노래 Partida · 12

II. 방황의 발굴 Escavação · 17

III. 몽중의 틈 사이 Inter-sonho · 19

IV. 나를 끓인 독주 Álcool · 21

V. 잠들고 싶은 밤, 죽음 앞에서 Vontade de Dormir · 24

VI. 산란(散亂)의 자화상 Dispersão · 26

VII. 공허의 형상 Estátua Falsa · 33

VIII. 닿을 듯, 닿지 못한 Quasi · 36

IX. 소유의 불능 Como Eu Não Possuo · 40

X. 권태 너머의 밤 Além-tédio · 44

XI. 회오의 심연 Rodopio · 47

XII. 파열의 끝 A Queda · 53

『산란의 자화상』 해설 에세이 · 55

옮긴이 서평 · 60

원문 수록 · 65

내가 죽거든 깡통을 두드려 주세요

매니큐어 ・ 99

비참한 인생 ・ 118

환영(幻影) ・ 122

황제 ・ 124

페르소나 ・ 127

『내가 죽거든 깡통을 두드려 주세요 外 5편의 시』
해설 에세이 및 서평 ・ 129

옮긴이 서평 ・ 133

작가 소개

*

마리우 드 사-카르네이루는 1890년 포르투갈 리스본에서 태어났다. 부유한 법률가 집안의 아들로 태어나 예술과 문학에 일찍 노출되었으며, 모친은 그가 어린 나이에 세상을 떠났다. 그 상실감은 그의 유년기에 깊은 흔적을 남겼고, 이는 훗날 작품 전반에 걸쳐 반복되는 불안과 고독, 분열의 감각으로 나타난다.

그는 어릴 적부터 연극과 시에 관심이 많았고, 19세의 나이에 첫 소설집 『Princípio(시작)』을 자비로 출판한다. 이후 파리로 유학을 떠나며 프랑스 상징주의, 입체주의, 미래주의 등의 예술 사조에 큰 영향을 받게 된다. 그러나 그는 파리에서의 삶에서도 언제나 이방인이었고, 그 낯섦과 단절감은 오히려 그의 예술을 더욱 극단적으로 밀어붙이는 계기가 되었다.

사-카르네이루는 평생 자신 안의 '나'를 탐구하고 해체하며, 새로운 형태로 재조립하려는 시도를 반복했다. 그는 단지 삶을 살아가는 시인이 아니라, 삶을 분해하는 시인, 그리고 자기 파괴를 통해 진실에 다가가

려는 시인이었다. 시인은 신이 되고 싶어 했고, 동시에 아무것도 아닌 무(無)가 되기를 원했다.

그는 포르투갈 근대문학에서 가장 급진적이고도 실험적인 시인 중 하나로 평가받는다. 동시대의 시인이자 친구였던 페르난두 페소아(Fernando Pessoa)는 그를 "그 어떤 시인보다 더 순수하고 더 투명하게 자신의 내면을 드러낸 사람"이라고 평했다. 페소아와 사-카르네이루는 함께 문학잡지 『Orpheu(오르페우)』를 창간하며 포르투갈 문학의 근대적 전환점을 만들어 낸다.

1914년, 그의 대표작이자 유일한 시집인 『Dispersão』은 제목 그대로 '흩어짐', '산란', '분해'를 의미한다. 이 시집은 자전적 시편으로 가득하며, '나'라는 존재가 해체되고 다시 조합되기를 반복하는 정념의 문서다.

그의 시에서는 자아가 끊임없이 흔들리고, 감각이 폭발하며, 욕망과 환상이 번쩍인다. 현실은 늘 초현실과 충돌하고, 감정은 극단을 오간다. 시편 하나하나가 고백이자 해체이며, 분열이자 환상이다. 그는 시 안에서 '자신'을 '나 아닌 존재'로 바꾸려 하고, 끝내 실패하고, 다시 시로써 그것을 증명한다.

『Dispersão』 이후 그는 점점 정신적으로 불안정해졌으며, 1916년 26세의 나이로 파리에서 스스로 생을 마감한다. 죽기 전 그는 페소아에게 편지를 남겼다.

"나는 완전히 망가졌어. 죽는 게 최선이야."

마리우 드 사-카르네이루는 단 26년의 생을 살았다. 그러나 그는 문학 안에서 스스로를 수없이 해체하고 불태웠으며, 그 불꽃은 100년이 지난 오늘날에도 여전히 살아 있다.

그의 시는 단지 '아름다운 시'가 아니다. 그것은 존재의 가장 깊은 바닥을 두드리는 언어이며, 살아남기 위해, 혹은 무너지는 자신을 그대로 남기기 위해 쓰인 시이다. 분열된 자아, 감각의 폭주, 그리고 끝내 다다르지 못하는 초월의 소망. 이 모든 것이 그의 시에 온몸을 실은 언어로 새겨져 있다.

마리우 드 사-카르네이루는 우리 모두가 가끔 마주하는 '나 아닌 나'를 가장 집요하게, 가장 시적으로 마주했던 시인이다.

산란의 자화상

Dispersão

I
떠나는 이의 노래

Partida
1913년 2월 파리에서

인생처럼 흘러가는 삶의 강물을 바라보며

나는 잠시 멈춰 선다.

가끔은 마음이 급류에 휘말려

말없이 고개를 떨군다.

내 안의 어떤 신비로움이 도망치라며 속삭이지만

나는 조용히 내 안의 나를 붙잡는다.

나만의 빛을 품고 살아갈 수 있는 이가 이 세상 어디에 있겠는가.

저 너머의 푸른 바람을 그리워하는 내 영혼은

내 방어선과 그늘 사이에서 흔들리고

눈물은 뜨겁지만

아무도 모르게 삼켜버린다.

나는 맞선다―삶과 자연에 대하여

하지만 예술가에게 그것만이 전부일까.

우리가 원하는 건 안개 너머의 세계.

그곳에서 푸르른 아름다움을 찾는 것.

미지의 높이로 뛰어오르며

나의 영혼이 가장 맑게 빛나는 지점까지

무릎 꿇은 채 기도하자—

우리가 신을 빚어낸 황금빛 공간에서.

두려움 따윈 접어두고, 산을 향해 나아가자.

환상 속을 지나 중세의 불꽃처럼

검을 쥐고 성채를 쌓아 올리는 시간마다

붉게 타오르는 광기의 색채를 품고

제국의 가장자리를 달리며

나의 마지막 영혼은 새로운 감각을 위해 떠난다.

연기가 되고, 별이 되고,

휘몰아치는 소용돌이 속 야자수의 잎이 되고,

물줄기가 되어,
불꽃과 황금 활로 세상을 껴안자.

미친 듯 흔들리는 날개여,
새벽 구름 수증기를 머금은 숨결이여,
향기처럼 스며드는 신비의 끝자락이여.

그리고—'높이! 더 높이!'
나는 저녁이 끝나는 그 끝에서
온전히 나 자신을 바친다.
정상으로 나를 이끄는 소용돌이 속으로
불타오르는 수수께끼 같은 지평선—

그 안에서도,

번개가 치고 칼날이 흩날려도
나는, 살아 있다.

신비로운 자줏빛 속 환영,
내 눈은 우주를 향해 천천히 돌아선다.
나는 넓어지고, 넘어서며, 미로가 되며,
유니콘이자 아칸서스 잎사귀가 된다.
이 거리감을 느끼고, 공기를 마신다.
나는 황금빛 비, 빛의 떨림,
바다 위 떠오르는 수정 잔이며,
왕관이자 도장, 투구이자 십자가임을…

환상의 무리 멀리 떠오르고,
하늘 가르는 거대한 축제에서

색은 색을 넘어
소리와 향기로 춤춘다.

나는 신이었던 나를 그리워한다.
가장 위대한 승리를 향해 나아가라!
내 운명은 고귀하고 희귀하나,
그 대가는 크다―
나를 둘로 가를 수 없는 고독한 슬픔이기에.

방황의 발굴

Escavação
1913년 5월 3일 파리에서

무엇인지조차 모를 무언가를 찾는 불안 속에서

나는 나 자신 속을 헤엄쳐 간다,

깊숙이 내려가지만, 헛수고일 뿐―

잃어버린 내 영혼은 뜬눈을 지샌다.

아무것도 찾지 못한 나는 창조를 결심한다.

검을 휘두르는 나는 조화로운 빛이 되어,

모든 것을 감히 건드리려는 대담한 불꽃을 피우며

오로지 꿈만이 나를 이끄리라

그러나 황금빛 승리는 곧 사라지고⋯

불꽃 대신 남은 것은 재, 재뿐이다⋯

―나는 어디 존재하는가, 나는 내 안에서 존재하지 않지 않는가⋯

무덤이라 부를 수조차 없는,

한 줌 재를 흉내 낸 거짓된 공동묘지여―

입술은 부서지고, 사랑의 밤마저 사라졌구나
모든 것이 시작도 끝도 아닌 또 다른 발작일 뿐이구나…

몽중의 틈 사이

Inter-sonho
1913년 5월 6일 파리에서

어디선가 흐르는 미약한 멜로디에

내 영혼은 온전히 숨어 있다.

출처 없는 기억 하나가

그리움이 되어 나를 아찔하게 흔든다.

새로이 무장한 아침이여!

성스러운 행렬을 향해 팡파레를 울려라!

나는 손끝으로 더듬거리며,

내 안으로 접힌 채,

미끄러져 내린다…

환상의 공주들이

만개 속에서 천천히 풀려난다.

참 아름다운 악몽이기도 하지…

깨고 싶지 않은 허무함을 예감하고서,

내 모든 색채가 두서없이 뒤엉킨다.

나는 자줏빛으로 숨을 쉰 채,
사라지는 소리 품 안에서 죽어간다.

IV

나를 끓인 독주

Álcool
1913년 5월 4일 파리에서

단두대와 사형대, 성들이

멀리서 행렬처럼 미끄러져 온다.

노란 황혼이 나를 휘감고 돌며

마치 물들 듯, 병든 보랏빛을 띤다.

후광의 날개가 내 귓가에 퍼덕이고,

향기와 색이 뒤엉켜 나를 긁는다.

칼날 같은 소용돌이가 내 눈을 찌르고,

내 영혼은 가라앉으며 감각은 붉게 피를 흘린다.

멀리서 불어오는 공기 속에서

나는 나 자신을 숨 쉬고,

빛의 조각으로 스며든다.

다시 나를 모으려 몸부림치지만

완전히 흩어져 버리고 만다―

나는 허망하게 부르짖는다.

저 너머에서 휘파람 소리만 울려 퍼지고,
나 자신을 찾아 달리지만, 끝내 잡지 못한다.
모든 것이 거품처럼 흔들리고 무너진다.
황금빛 원반 하나가 떠오르고,
나는 안개가 두려워 눈을 감는다.
이건 도대체 무슨 마약인가?
지옥의 아편인가, 아니면 천국이 아닌가?
나는 나 자신에게 걸린 마법을 묻는다.
왜 이렇게도 황홀경 같은 고통 속에

나는 홀릴 수밖에 없는가?
아편도 모르핀도 아니었다.
나를 불태운 것은
더 희귀하고 더 깊은 술이었다—

오직 나 자신으로부터 솟아난 황홀—

아침처럼 찬란하고도

이미 밤이 되어버린 채로.

V

잠들고 싶은 밤, 죽음 앞에서 Vontade de Dormir

1913년 5월 6일 파리에서

황금빛 실들이

먼지 속에 쓰러진 나를 일으켜 세우려 한다.

각기 다른 방향으로,

제 갈 길의 북쪽을 향해—

날 끌어당긴다.

…

—내게 남은 마지막 소망, 그 이름은 죽음이니

…

나는 잠들고 싶다.

모든 닻을 내리고,

이 끝없는 항해를 멈추고 싶다.

이 위대함들—

그 무게를 제발 나에게서 떼어내 주길.

아름다움이여,

왜 너는 나를 이토록 꿈꾸는가?

내가 너를 짊어질 수 없다면…

끝내 데려갈 수도 없다면…

VI
산란(散亂)의 자화상

Dispersão

1913년 5월 파리에서

나는 나 자신 속으로 낙하한다.

어쩌면 나는 미로였을 테니,

내가 느끼는 오늘의 나는

잃어버린 나 자신의 그리움이다.

삶은 광휘의 별처럼

나를 스쳐 지나갔다.

무언가를 초월하고 싶은 갈망 속에서

나는 그것이 주어진 삶이라는 걸 망각했을 뿐이다.

내게 남은 건 늘 '어제'뿐이다.

오늘도, 내일도, 나에겐 없다.

나를 비껴간 타인에게 흘러가는 시간은

오직 어제의 나에게로 쏟아져 내린다.

(파리의 일요일은

내 안 어딘가를 건드려,

사라져 버린 누군가의 얼굴을 회상하게 만든다.

파리의 일요일이란 원래 그런 거니까―

가족, 따뜻함, 소박함을 떠올리는…

하지만 아름다움을 본 사람은

그 어떤 안온함도 온전히 품을 수 없다.)

갈망에 굶주린 한 청년은,

그래―넌 한때 누군가였지.

그래서 더더욱 갈망 속으로 빠져들었겠지.

거대한 황금빛 새는

하늘을 향해 날개를 펼쳤다가

하늘을 움켜쥐고는

그 문을 닫아버린다.

나는, 사랑하는 이를 잃은 듯
그렇게 나 자신을 애도했다.
나는 내 안의 변덕스러운 연인이었고,
가장 먼저 자신을 배신한 자였다.
나는 내가 서 있는 이 땅도 느끼지 못하고
내가 쏘아낸 빛의 방향조차 알지 못했다.
거울을 들여다보아도,
그 속의 나는 더 이상 나 같지 않다.
나는 다시 나에게 돌아오지만
어떠한 말도 할 수 없고,
내 영혼은 천으로 덮인 채
마른 관 속에 뉘어 있다.
나는 내 영혼을 잃은 게 아니라
품은 채─놓쳐버렸다.

그렇게나마 삶에 대한 비탄 속에서도
나는 내 영혼의 죽음을 애도한다.
나는 누군가를 애타게 기억한다.
단 한 번도 만난 적 없는,
그러나 내내 다정했던 누군가를.
그녀의 금빛 입술과 희미한 몸은
저녁 햇살을 따라 부는 오래된 숨결처럼 아득했다.
내가 가장 그리워하는 것들은
한 번도 안아보지 못한 것들이다.
그리고 나는, 심지어 꿈꾸지 못한 꿈들조차
그리워하곤 한다.
그리고 나는 어렴풋이 느낀다.
나의 죽음―아니, 나의 완전한 산란이
저 북쪽 어딘가의

거대한 도시 안에 도달해 있다는 걸.
내 마지막 날은
연기 띠로 흐릿하게 그려지고
나는 푸르스름한 고통 속에서
그림자처럼 사라져 간다.

그리움이 애정으로 번지고
나는 내 하얀 손에 조용히 입을 맞춘다.
그 손을 바라보며
나는 연민이 되고, 사랑이 된다.
길고, 아름답고, 슬픈 손.
누군가를 향해 내밀었지만
아무도 잡아주지 않았다.
나는 나 자신이 안타깝다.

가여운 이상주의자였던 나여.
결국 내게 부족했던 건 무엇이었을까?
하나의 이음새? 아니면 한 줄기 흔적?
…아, 나여.
황혼은 내 영혼 속으로 스며들고
나는 이제, 그저 스쳐간 존재가 되었을 뿐.
나는 무언가가 될 순 있겠지만
더는 '나'일 수는 없다.
가을 꿈과도 같은 술에 조용히 젖어
안개가 되어 흩어지듯 잠겨 있을 것이다.
죽음도, 삶도 잃고
미쳐버리지도 못한 채,
시간은 도망치듯 흘러가고
나는 따라가지만, 멈춰 있다.

무너진 성채들처럼,

갈기를 잃은, 날개 달린 사자들처럼…

VII
공허의 형상

Estátua Falsa
1913년 5월 5일 파리에서

내 눈동자는 언제나

거짓된 황금빛에만 반응하고

나는 신비조차 지닌 적 없는

스핑크스처럼,

석양 속에 조용히 굳어 있다.

이루어지지 못한 것들의 슬픔이

소리 없이, 조용히

내 영혼의 가장 깊은 자리에 가라앉는다.

한때 나를 찔렀던 갈망의 칼날은

고통의 한가운데서 부서지고

빛이었던 것들은 어둠 속에서

작은 파편으로 흩어진다.

어제처럼—오늘 역시

나에겐 너무 멀다.

스쳐가는 그림자들은

그저 내 곁을 지나칠 뿐,

나를 물들게 하지는 않는다.

더는 어떤 비밀도

내 안에 떨림을 일으키지 않는다.

심장도, 시선도

잔물결조차 일지 않는다.

두려움이 없는 것이 아니라

그저 아무것도 느껴지지 않는다.

삶이 전쟁처럼 몰려와도

나는 다만

무감각한 평온 속에 잠긴 채,

그 자리에 서 있을 뿐이다.
나는 하늘을 잃어버린 별,
바다에서 길을 잃은 인어,
신이 떠난 위태로운 신전.
그러나 여전히,
나는 하늘을 향해 세워진
무언가를 닮은,
텅 빈 형상이다.

VIII
닿을 듯, 닿지 못한

Quasi
1913년 5월 13일 파리에서

조금만 더 햇빛이 스며들었더라면,
나는 불꽃이 되었을지도 모른다.
조금만 더 하늘이 푸르렀더라면,
나는 저 너머로 날아갔을지 모른다.
단 한 번의 날갯짓이 모자랐다.
그 작고 사소한 한 번이,
내 전부를 가로막았다.
차라리 이 편에 머물렀다면
덜 아팠을지도 모른다.
그건 경이였을까, 아니면 평온이었을까.
결국 아무것도 아니었다.
모든 건 거품처럼,
얕은 바닷속으로 사라졌다.
장엄한 꿈은 안갯속에서 깨어났고,

그 꿈은—아, 고통이여—
실현에 닿기 직전까지 다다랐다.
사랑할 뻔했다.
불꽃이 될 뻔했다.
승리를 움켜쥘 뻔했고,
모든 것을 시작하고 끝낼 뻔했다.
그러나 내 영혼은 넘쳐흘렀고,
남은 건 오직 허상뿐이었다.

손에 쥔 건 환상뿐,
모든 시작은 끝내 실패했다.
아, '거의' 다다른 고통이여—
나는 내 안에서조차 실패했고,
하늘을 향한 날개는

떠오르지 못한 채 접혔다.

나는 영혼의 찰나들을 흘려보냈고,

제단 하나 세우지 못한 성전이었으며,

바다에 닿지 못한 강이었고,

손에 잡히지 않은 갈망이었다.

떠도는 나를 뒤따른 건

흩어진 조각뿐,

태양을 향한 창들은

굳게 닫혀 있었고,

영웅의 손은 믿음 없이 떨었으며

절벽 위엔 철창이 세워졌다.

격정 속에서 모든 것을 시작했지만

나는 아무것도 갖지 못했다.

입맞춤은 했으나 함께하지 못한

허망한 잔향뿐만이

내게 남은 모든 것이다.

…

조금만 더 빛이 있었다면,

나는 불꽃이 되었을지도 모른다.

조금만 더 하늘이 열려 있었다면,

나는 저 너머로 닿았을지 모른다.

그저 단 한 번의 날갯짓,

그 마지막 한 번이 부족했다.

이 편에 머물렀다면

조금은 덜 무너졌을지도 모른다.

IX

소유의 불능

Como Eu Não Possuo

1913년 5월 파리에서

나는 주변을 바라본다. 모두가 무언가를 품고 있다.
애정이든, 미소든, 포옹이든.

하지만 나에게는 없다. 내게 있는 건
내 안에서 떨어져 나간, 부서진 조각.
나는 그것을 안고도
끝내 소유하지 못한다.
멀리서 흘러가는 붉은 황홀의 떨림이
내 곁을 스쳐간다.
나는 그 빛에 몸을 맡기고 싶지만,
내 영혼은 정지해 있고,
그 어떤 감각도 느끼지 못한다.
느끼고 싶다―그러나 나는 흩어진다.
사람을 향한 애착도 없고,

스스로가 누구인지조차 알 수 없다.
천국을 향해 나아갈 이기심도 없고,
진흙에 가라앉을 신념도 없다.
나는 누구의 친구도 아니다.
누군가를 진심으로 품기 위해선
먼저 나를 소유했어야 했다.

하지만 나는 결코 소유할 수 없다.
내 영혼은 거세된 채
매일 같은 고통 속으로 가라앉고,

나는 정착하지 못한 채 그저 흘러간다.
나는 다른 세계에서 망명해 온 이방인인가.
심지어 나의 고통 속에서도

나 자신을 발견하지 못한 채.

그때 나는

내 안에서 분리되어 떠도는 어떤 형상을 갈망한다.

날카롭고, 야생적이며, 황홀하게 빛나는 그것.

나는 그것을 안고 싶다.

그 속에 몸을 던지고,

감각과 색채 속에서 취하고 싶다.

그러나 잘못된 갈망이다.

그 형상이 내 품에 안기고

벌거벗은 육체가 내게 겹쳐지더라도—

나는 결국

그것을 소유할 수 없다.

나는 단지 그 황홀한 실루엣 위에서

몸을 떨며 파열을 맞이할 것이다.
나의 욕망이 닿는 순간, 나는 무너진다.
심지어 정복의 순간에도
나는 내 안의 파괴를 목격한다.

내가 가진 것은 느끼는 그것,
존재하는 그것뿐이다.
그러나 나는—그 형상조차,
결국 소유하지 못한다.

권태 너머의 밤

Além-tédio
1913년 5월 15일 파리에서

아무것도 나를 숨 쉬게 하지 않는다.

아무것도 나를 살게 하지 않는다—

슬픔도, 아름다운 시간들도 나는 결코 가지지 못했기에,

앞으로도 없으리란 사실만으로도, 나는 지쳐버렸다.

가끔은 바랐다.

모든 걸 잊은 영혼으로

병원 침대에 누워 조용히 잠드는 것을.

나는 내 안에서 너무도 오래 방황하여,

비현실적인 빛 속을

지나치게 오래 걸어버렸다.

한때는 꿈꿨다.

그리움과 야망을 붙잡고

하늘에 도달하려 했던 적도 있었다.

내 안의 불꽃은 모든 것을 휘감아

나는 그 속에서 신이 되곤 했다.

그 시작은 곧 고통으로 돌아왔다,

모든 것이 무너졌고,

남은 것은 오직 원점이었다.

그러나 나의 환상은 형형색색으로 빛났기에.

그 허상은 너무도 찬란했다.

아무 소리도 들리지 않는 밤의 심연에

나는 조용히 가라앉기 시작했다.

되돌릴 수 없는 낙하 속에서

나는 나를 삼켰고,

권태라는 단단한 껍질 속에서 굳어버렸다.

지금 나에게 남은 기쁨은 단 하나,

모든 순간이 너무도 똑같고,

너무도 텅 빈 순간들이기에

그저 빠르게—더 빠르게 흘러간다는 사실.

하루하루가 날아가듯 흐르며

순간들은 더욱더 가볍고, 점점 더 가늘어지고 있다.

XI
회오의 심연

Rodopio
1913년 5월 파리에서

내 안에서 모든 것이 소용돌이친다.
휘돌며 감겨드는 실타래처럼
기적들이,
절규들이,
성채들이,
빛의 덩어리들이,
악몽들이,
하얀 상아탑 되어 솟아오른다.

불꽃은 나선으로 피어나고
햇빛은 멀리서 걸어 들어오고
절벽과 등대가 부서져 솟고
영웅의 동상이 어두운 하늘을 찌르고
창과 돛대들이 흔들린다, 물결친다

색으로 얼룩진 함대들이

줄지어 나아가고,

빛의 행렬은 항해하고,

십자가를 부수는 팔들이 지나가고,

거울 속 어둠이, 찬란하게 다시 태어난다.

수정들은 공포에 떨고

파편들이 쏟아지고

날카로운 발톱과, 그림자와, 덫들이

비처럼 내린다.

계획은 무너지고

공간은 찢기고

모든 게, 숨겨진 채, 균열된다.

황금빛 달은 취하고,
여왕은 백합을 흩뿌리고
촛불은 뒤틀리고
망상은 얽히고
소리의 줄무늬처럼 튀어 나간다.
음성 속 따옴표는 날아가고
글자들은 불꽃처럼 휘고
소리는 단검이 된다.
미사와 광기,
죽음의 축제,
찬란한 처형과 돌아오지 않을 귀환.
물결치듯 흐르는 머리칼,

깨문 입술,
뒤엉킨 몸,
깨물린 가슴,
깨물린 생식기,

욕망 속에서 죽어간 육체

(거기엔 향이 있다,
하얗고 신성한 손이 있다,
찢겨진 낡은 편지들과,
간직된 사소한 것들이 남는다
손수건, 리본, 실바늘…)

투구, 전리품, 수의,

증발한 감정

흩어진 향수

무너진 선율,

어지러움, 오류, 파열.

존재하지 않는 순간이 번쩍이고

안개가 문을 닫고

우물과 동굴,

미로와 협곡

나는 그곳들을 감히 걷지 못한다…

공허함,

떠오르는 공기방울,

먼 섬들의 향기가 감돌며

닻줄, 키, 선체―

너무 많은, 그리고 너무 벅찬 것들
감히 꿈으로도 그릴 수 없는 것들

XII
파열의 끝

A Queda
1913년 5월 8일 파리에서

나는 이 모든 모순의 왕이기에,

내 안에 회오리를 품었다 한들, 그것을 붙들어 매고 싶다.

그러나 내 회오리는 돌고 돌아

모든 것이 부서져 내린다.

무언가 내 손에 황금처럼 쥐어져도,

곧장 그 빛은 바래고, 나는 멀리 던져버린다.

보물 앞에서도 나는 경멸에 질식하고,

넘치는 가운데서 굶주려 죽는다.

나는 고통 속에서 색을 끌어올리며

영혼의 팔을 뻗지만―

단 하나의 전율조차, 나는 이겨내지 못한다.

어둠 속에서 나를 거르고―나는 하나로 모이지 못한 채

빛의 고통을 마지막으로 떨치고 있다.

나는 나 자신을 이기지 못했지만
나를 산산이 부술 수는 있다.
때로 승리란, 추락과 같을 수 있기에.
나는 여전히 빛이며, 이 커다란 반동 속에서
이상적인 분노에 휩싸인 채
끝을 향하여, 나아간다.

정점에선 나는 아래를 내려다본다.
그 아래의 차가운 얼음 속으로 나를 던진다.
…
그리고 나는—
오직 나 자신에게 무너진 채 추락했다.

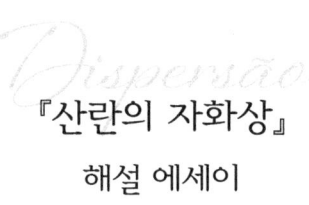

『산란의 자화상』
해설 에세이

서론: 나, 무너지는 자.

1914년, 마리우 드 사-카르네이루는 『Dispersão』를 세상에 내놓는다.
하지만 그것은 세상에 대한 메시지가 아니라, 자신을 향한 내면의 파편이다.
그는 자신을 시로 분해하는 시인이었고,
『Dispersão』는 그러한 분열의 절정이자 기록이다.
모든 시는 나에서 출발해 다시 나로 되돌아오지만,
그 '나'는 매 순간 달라지고 있다.
따라서 이 시집은 어떤 선형적인 서사를 갖기보다
내면의 고통, 자아의 해체, 초월의 욕망, 죽음의 미학이라는
네 겹의 심연 속에서 읽혀야 한다.

1. 초월에 닿고자 한 충동들

초반의 시들은 강렬한 충동으로 가득하다.

「떠나는 이의 노래」는 현실을 도피하려는 시인의 첫 고백이다.
이후 「닿을 듯, 닿지 못한」에서는
그 초월이 얼마나 가까웠는지를 드러내면서도,
그 실패가 얼마나 치명적이었는지를 말한다.
단 한 번의 날갯짓이 부족했기에 닿지 못한 그는
절정 직전에서 끝없이 미끄러지는 삶을 반복한다.

2. 자아의 분산과 붕괴

중반부의 시들은 시인의 가장 본질적인 고백이다.
"나는 내 안에서 길을 잃는다. 왜냐하면 내가 미로였기 때문이다."
이 시편의 중심 시이자 시집 전체의 정서적 핵심인 「산란의 자화상」은
자아가 더 이상 자기 자신을 알아보지 못하는 감각을 담고 있다.
그는 자신의 몸을 내밀지만 아무도 그 손을 잡지 않는다.
거울 속의 나는 내가 아니고,
안고 있는 영혼조차 내가 품고 있을 뿐, 소유하지 못한다.

이 고백은 「소유의 불능」에서 절정에 이른다.

욕망은 있으나 감각은 없고, 사랑은 있으나 손에 쥐지 못한다.
이 시에서 '그녀'는 타인이 아니라, 분열된 자기 자신이며
마리우는 결국 그 분열된 형상에 입을 맞추며 울부짖는다.

3. 감각의 홍수와 몽환

감각이 폭주하는 시들이다.
그는 현실을 떠나는 것이 아니라 감각 안에 잠기기를 원한다.
「나를 끓인 독주」에서 그는 마치 마신 적 없는 술에 취한 듯
색과 향기, 빛과 소리가 뒤섞이는 세계로 뛰어든다.
「회오의 심연」은 시 전체에서 가장 실험적인 시이며,
포르투갈 문학사상 가장 아름다운 혼돈의 언어다.
감각은 문법을 넘어 리듬으로 흘러가고,
'기억', '환각', '욕망', '종교', '죽음'이 이미지의 소용돌이로 펼쳐진다.
이 시를 지나며 독자는 마리우의 세계가
논리가 아닌 감각, 사고가 아닌 체험임을 깨닫게 된다.

4. 고요한 권태, 죽음으로 기울어 가는 나

마지막 시들은 고요하고 차갑다.

사랑도, 욕망도, 분열도 지나간 후 남은 것은

권태와 죽음뿐이다.

「잠들고 싶은 밤, 죽음 앞에서」는 차라리 잠이 들고 싶다는 고백이고,

「권태 너머의 밤」에서는 삶 자체에 대한 감각조차 사라진다.

모든 순간이 동일하게 느껴지고,

"남은 기쁨은 순간이 더 빠르게 날아간다는 사실뿐이다."

그리고 마침내 마지막 시, 「파열의 끝」.

시인은 자신의 모든 격정을 끌어올리지만

그 모든 불꽃은 결국 스스로를 던지는 추락으로 끝난다.

"그리고 나는―

오직 나 자신에게 무너져, 추락했다."

이 마지막 문장은 이 시집 전체를 압축하는

가장 간결하면서도 가장 슬픈 문장이다.

결론: 찬란하게 무너진 자의 언어

『산란의 자화상』은 성공한 초월의 시가 아니다.

이 시집은 실패의 시, 분열의 시, 파열의 시다.

그러나 그 실패가 진정성 있는 언어를 만들었고

그 파열이 오늘날까지도 읽히는 미학을 가능하게 했다.

마리우 드 사-카르네이루는 신이 되기를 갈망했지만,

결국 산산이 흩어진 '나'를 부여잡고 끝없는 언어를 남겼다.

그리고 그 조각들 사이에서 우리는 자신을 본다.

우리는 그를 읽는 동시에—

우리의 무너짐과 살아남음을 함께 읽는다.

옮긴이 서평

"자아의 장례식을 치른 마리우 드 사-카르네이루를 기리며…"

*

내면의 충돌 끝에서 찾아오는 결론—저에게 있어서 죽음의 그림자는 대개 밤에 찾아왔습니다.

하지만 죽는 데는 기술이 필요하고 저는 늘 그 기술이 모자랐습니다. 다행인지 불행인지, 아무도 눈치채는 이가 없었습니다.

삶은 매일 사라지는 일입니다. 몇 모금 삼키다 식어버린 커피처럼, 그 잔 안엔 머물렀던 온도만 남아있을 뿐. 그리고 저는 언젠가부터 죽음을 두려워하지 않으면서, 동시에 삶에도 집착하지 않게 되었습니다. 살아야 한다는 외침에도, 죽음에 대한 두려움에도 더는 감흥이 없습니다. 그저 오늘 하루만 무너지지 않기를—그 하나만을 바라고 있습니다. 『산란의 자화상』은 그런 하루하루를 걸어온 제가 만난, 하나의 이정표였습니다.

'마리우 드 사-카르네이루', 그는 26살 스스로 삶을 마감한 포르투갈의 시인입니다. 포르투갈 고유의 정체된 정서는 'Saudade(그리움)'에서 관조됩니다. 우리나라의 전통적인 '한'이라는 정서와 유사성을 띠고 있기는 하나, 사실 Saudade는 '그리움'과 '한'보다도 더욱 칠흑 같은 어둠을 내포하고 있으며, 두 번 다시 돌이킬 수 없을 완전한 상실에 대한 애도를 표현하는 단어입니다. 그렇기에 이 시인은 그 짧은 생애 안에서 그는 누구보다 삶을 애타게 응시했고, 자아라는 세계를 산산이 해체하고, 초월이라는 벼랑 끝에서 끝끝내 추락하며 찬란히 무너졌습니다.

『Dispersão』라는 시집의 제목은 '분산', '해체', '흩어짐'을 뜻합니다.

그는 자신의 정체성을 조각내어 시로 만들었습니다. 때로는 거울 속 자신을 알아보지 못하고, 때로는 자아의 뒷모습을 애도하면서. 그의 시는 아름다움과 죽음, 성과 자기혐오, 환각과 공허, 광휘와 잿빛을 오가며 숨 가쁘게 이어집니다.

"나에게는 언제나 어제가 있다. 오늘도, 내일도 없다."

"나는 내 죽음을 애도한다."

"삶이 나를 덮쳐와도, 나는 다만 무감각한 채로 조용히 서 있다."

이 문장들은 마리우가, 마치 나처럼, 아니 어쩌면 우리 모두처럼 자신의 심연을 스스로 들여다본 사람이라는 사실을 말해줍니다.

그래서 이 시집은 단지 번역되었다고 말하기 어렵습니다. 저는 마리우의 언어를 옮긴 것이 아니라, 그의 분열된 자아의 파편들을 살아있는 손바닥 위에서 맞잡아 다시 조용히 놓아준 것뿐입니다.

　이 시들은 당신을 대신해 울고, 대신 속삭이며, 끝끝내 '살아낸다'는 말의 무게를 품고 있습니다.

　문득 지금 이 글을 쓰고 있는 제가 살아있는지 잘 모르겠다는 생각이 듭니다. 숨을 쉬고는 있지만, 그게 생의 증거가 되지 않을 수도 있기 때문입니다. 죽음은 단지 한 줌의 재가 되는 것만은 아닐 것입니다. 무채색의 감정, 눅눅한 방, 식어가는 감각—그것들 또한 죽음의 한 형태일 수 있습니다. 어떤 날은 고요하고, 어떤 날은 미지근하고, 어떤 날은 잠시 따뜻합니다. 그러나 누군가 지금, 제 이름을 불러준다면 저는 인사인지, 작별인지도조차 모르게 환하게 웃을지도 모릅니다. 그가 누구이든 간, 나도 모르는 나 자신의 파편일지도, 마리우의 한 조각일지도 모르기 때문입니다.

　내일도 해가 뜬다면, 저는 누군가에게 "안녕히 계세요" 같은 말을 건넬 겁니다. 그게 진심이든 아니든, 저는 아주 작고 부드러운 무언가로 세상을 건드려 보려 합니다. 삶과 죽음, 그 양극의 조화—그것이 우리가 감히 마주하는 신의 형상이라면, 마리우는 그 끝에서 몸을 던졌고, 저는 지금 이 시집을 통해 그 흔적을 따라 한 걸음씩 걷고 있을 뿐입니다.

　추락 끝엔 날개가 있고, 기다림 끝엔 고도(Godot)를 만날지도 모릅니다. 그러므로 세상의 수많은 생명과 죽음을 향한 기도의 수면 아래에서 저는 오늘 하루를 무너뜨리지 않고 살아내려 합니다.

  강과 바다가 한 몸이 되어 춤추고 있을 한 찬란한 시인의 몫까지, 감히 말입니다.

                Fim e começo, sempre ao mesmo tempo.

                              끝과 시작은 언제나 함께.

                                        한유림 드림

원문 수록

DISPERSÃO—12 POESIAS
POR MARIO DE SÁ-CARNEIRO

I
Partida

Ao ver escoar-se a vida humanamente Em suas aguas certas, eu hesito,
E detenho-me ás vezes na torrente Das coisas geniais em que medito.

Afronta-me um desejo de fugir
Ao misterio que é meu e me seduz. Mas logo me triunfo. A sua luz
Não ha muitos que a saibam reflectir.

A minh'alma nostalgica de àlem,
Cheia de orgulho, ensombra-se entretanto,

Aos meus olhos ungidos sobe um pranto Que tenho a força de sumir tambem.

Porque eu reajo. A vida, a natureza, Que são para o artista?

Coisa alguma. O que devemos é saltar na bruma, Correr no asul á busca da beleza.

É subir, é subir àlem dos ceus
Que as nossas almas só acumularam, E prostrados resar, em sonho, ao Deus
Que as nossas mãos de aureola lá douraram.

É partir sem temor contra a montanha Cingidos de quimera e d'irreal; Brandir a espada fulva e medieval,
A cada hora acastelando em Espanha.

É suscitar côres endoidecidas, Ser garra imperial enclavinhada,
E numa extrema-unção d'alma ampliada, Viajar outros sentidos, outras vidas.

Ser coluna de fumo, astro perdido, Forçar os turbilhões ala-

damente,
Ser ramo de palmeira, agua nascente E arco de ouro e chama distendido...

Asa longinqua a sacudir loucura, Nuvem precoce de subtil vapor, Ansia revolta de misterio e olor, Sombra, vertigem, ascensão—Altura!

E eu dou-me todo neste fim de tarde
Á espira aerea que me eleva aos cumes. Doido de esfinges o horizonte arde, Mas fico ileso entre clarões e gumes!...

Miragem rôxa de nimbado encanto—
Sinto os meus olhos a volver-se em espaço! Alastro, venço, chego e ultrapasso;
Sou labirinto, sou licorne e acanto.

Sei a Distancia, compreendo o Ar;
Sou chuva de ouro e sou espasmo de luz; Sou taça de cristal lançada ao mar, Diadema e timbre, elmo rial e cruz⋯

. . . .

O bando das quimeras longe assoma⋯ Que apoteose imensa pelos ceus!
A côr já não é côr—é som e aroma! Vem-me saudades de ter sido Deus⋯

* * * * *

Ao triunfo maior, àvante pois!
O meu destino é outro—é alto e é raro. Unicamente custa muito caro:
A tristeza de nunca sermos dois⋯

Paris—fevereiro de 1913.

II
Escavação

Numa ansia de ter alguma cousa, Divago por mim mesmo a procurar,
Desço-me todo, em vão, sem nada achar, E a minh'alma perdida não repousa.

Nada tendo, decido-me a criar: Brando a espada: sou luz harmoniosa E chama genial que tudo ousa Unicamente á força de sonhar···

Mas a vitória fulva esvai-se logo···
E cinzas, cinzas só, em vez do fogo···
—Onde existo que não existo em mim?

. . . .

Um cemiterio falso sem ossadas, Noites d'amor sem bôcas esmagadas—

Tudo outro espasmo que principio ou fim…

Paris 1913—maio 3.

III
Inter-sonho

Numa incerta melodia
Toda a minh'alma se esconde. Reminiscencias de Aonde Perturbam-me em nostalgia···

Manhã d'armas! Manhã d'armas! Romaria! Romaria!

. . . .

Tacteio··· dobro··· resvalo···

. . . .

Princesas de fantasia Desencantam-se das flores···

. . . .

Que pesadelo tão bom···

. . . .

Pressinto um grande intervalo, Deliro todas as côres,
Vivo em roxo e morro em som…

Paris 1913—maio 6.

IV
Álcool

Guilhotinas, pelouros e castelos Resvalam longemente em procissão;

Volteiam-me crepusclos amarelos, Mordidos, doentios de roxidão.

Batem asas d'aureola aos meus ouvidos, Grifam-me sons de côr e de perfumes, Ferem-me os olhos turbilhões de gumes, Desce-me a alma, sangram-me os sentidos.

Respiro-me no ar que ao longe vem, Da luz que me ilumina participo; Quero reunir-me, e todo me dissipo—
Luto, estrebucho··· Em vão! Silvo pra àlem···

Corro em volta de mim sem me encontrar··· Tudo oscila e se abate como espuma···
Um disco de ouro surge a voltear···

Fecho os meus olhos com pavor da bruma…

Que droga foi a que me inoculei? Ópio d'inferno em vez de
paraíso?… Que sortilegio a mim proprio lancei?
Como é que em dôr genial eu me eteriso?

Nem ópio nem morfina. O que me ardeu, Foi alcool mais raro
e penetrante:
É só de mim que eu ando delirante— Manhã tão forte que me
anoiteceu.

Paris 1913—maio 4.

V
Vontade de dormir

Fios d'ouro puxam por mim A soërguer-me na poeira— Cada um para o seu fim, Cada um para o seu norte⋯

. . . .

—Ai que saudade da morte⋯

. . . .

Quero dormir⋯ ancorar⋯

. . . .

Arranquem-me esta grandeza!
—Pra que me sonha a beleza, Se a não posso transmigrar?⋯

Paris 1913—maio 6.

VI
Dispersão

Perdi-me dentro de mim Porque eu era labirinto, E hoje, quando me sinto, É com saudades de mim.

Passei pela minha vida Um astro doido a sonhar. Na ansia de ultrapassar,
Nem dei pela minha vida…

Para mim é sempre ontem, Não tenho amanhã nem hoje: O tempo que aos outros foge Cai sobre mim feito ontem.

(O Domingo de Paris Lembra-me o desaparecido Que sentia comovido
Os Domingos de Paris:

Porque um domingo é familia, É bem-estar, é singeleza,
E os que olham a beleza
Não tem bem-estar nem familia).

O pobre moço das ansias··· Tu, sim, tu eras alguem!

E foi por isso tambem
Que te abismaste nas ansias.

A grande ave dourada Bateu asas para os ceus, Mas fechou-as saciada
Ao ver que ganhava os ceus.

Como se chora um amante, Assim me choro a mim mesmo:
Eu fui amante inconstante
Que se traíu a si mesmo.

Não sinto o espaço que encerro Nem as linhas que projecto:
Se me olho a um espelho, érro— Não me acho no que projecto.

Regresso dentro de mim, Mas nada me fala, nada! Tenho a alma amortalhada, Sequinha, dentro de mim.

Não perdi a minha alma, Fiquei com ela, perdida. Assim eu choro, da vida, A morte da minha alma.

Saudosamente recordo Uma gentil companheira Que na minha vida inteira Eu nunca vi… Mas recordo

A sua bôca doirada
E o seu corpo esmaecido, Em um halito perdido Que vem na tarde doirada.

(As minhas grandes saudades São do que nunca enlacei.
Ai, como eu tenho saudades Dos sonhos que não sonhei!…)

E sinto que a minha morte— Minha dispersão total— Existe lá

longe, ao norte, Numa grande capital.

Vejo o meu ultimo dia Pintado em rôlos de fumo,

E todo asul-de-agonia
Em sombra e àlem me sumo.

Ternura feita saudade,
Eu beijo as minhas mãos brancas··· Sou amor e piedade
Em face dessas mãos brancas···

Tristes mãos longas e lindas Que eram feitas pra se dar···
Ninguem mas quís apertar··· Tristes mãos longas e lindas···

E tenho pena de mim, Pobre menino ideal··· Que me faltou afinal?
Um élo? Um rastro?··· Ai de mim!···

Desceu-me nalma o crepusculo; Eu fui alguem que passou.
Serei, mas já não me sou;
Não vivo, durmo o crepusculo.

Alcool dum sôno outonal Me penetrou vagamente A difundir-me dormente Em uma bruma outonal.

Perdi a morte e a vida,
E, louco, não enlouqueço… A hora foge vivida,
Eu sigo-a, mas permaneço…

. . . .

Castelos desmantelados, Leões alados sem juba…

. . . .

Paris—Maio de 1913.

VII
Estátua falsa

Só de ouro falso os meus olhos se douram; Sou esfinge sem misterio no poente.
A tristeza das coisas que não foram Na minha'alma desceu veladamente.

Na minha dôr quebram-se espadas de ansia, Gomos de luz em treva se misturam.
As sombras que eu dimano não perduram, Como Ontem, para mim, Hoje é distancia.

Já não estremeço em face do segredo; Nada me aloira já, nada me aterra:
A vida corre sobre mim em guerra, E nem sequer um arrepio de medo!

Sou estrela ébria que perdeu os ceus, Sereia louca que deixou o mar;

Sou templo prestes a ruir sem deus, Estátua falsa ainda erguida ao ar…

Paris 1913—Maio 5.

VIII
Quasi

Um pouco mais de sol—eu era brasa, Um pouco mais de asul
—eu era àlem. Para atingir, faltou-me um golpe d'asa⋯ Se ao
menos eu permanecesse àquem⋯

Assombro ou paz? Em vão⋯ Tudo esvaído Num baixo mar
enganador d'espuma;
E o grande sonho despertado em bruma, O grande sonho—ó
dôr!—quasi vivido⋯

Quasi o amor, quasi o triunfo e a chama,
Quasi o principio e o fim—quasi a expansão⋯ Mas na
minh'alma tudo se derrama⋯
Emtanto nada foi só ilusão!

De tudo houve um começo⋯ e tudo errou⋯
—Ai a dôr de ser-quasi, dôr sem fim⋯— Eu falhei-me entre
os mais, falhei em mim, Asa que se elançou mas não voou⋯

Momentos d'alma que desbaratei… Templos aonde nunca pus um altar… Rios que perdi sem os levar ao mar… Ansias que foram mas que não fixei…

Se me vagueio, encontro só indicios… Ogivas para o sol—vejo-as cerradas; E mãos d'heroi, sem fé, acobardadas, Poseram grades sobre os precipicios…

Num impeto difuso de quebranto, Tudo encetei e nada possuí
…
Hoje, de mim, só resta o desencanto Das coisas que beijei mas não vivi…

. . . .

Um pouco mais de sol—e fôra brasa, Um pouco mais de asul —e fora àlem. Para atingir, faltou-me um golpe d'asa… Se ao menos eu permanecesse àquem…

Paris 1913—maio 13.

IX
Como eu não possuo

Olho em volta de mim. Todos possuem— Um afecto, um sorriso ou um abraço.
Só para mim as ansias se diluem
E não possuo mesmo quando enlaço.

Roça por mim, em longe, a teoria Dos espasmos golfados ruivamente; São extases da côr que eu fremiria, Mas a minh'alma pára e não os sente!

Quero sentir. Não sei··· perco-me todo··· Não posso afeiçoar-me nem ser eu:
Falta-me egoismo pra ascender ao ceu, Falta-me unção pra me afundar no lodo.

Não sou amigo de ninguem. Pra o ser Forçoso me era antes possuir
Quem eu estimasse—ou homem ou mulher, E eu não logro

nunca possuir!⋯

Castrado d'alma e sem saber fixar-me, Tarde a tarde na minha dôr me afundo⋯
—Serei um emigrado doutro mundo
Que nem na minha dôr posso encontrar-me?⋯

* * * * *

Como eu desejo a que ali vai na rua, Tão agil, tão agreste, tão de amor⋯ Como eu quisera emmaranha-la nua,
Bebê-la em espasmos d'harmonia e côr!⋯

Desejo errado⋯ Se a tivera um dia, Toda sem véus, a carne estilisada
Sob o meu corpo arfando transbordada, Nem mesmo assim—
ó ansia!—eu a teria⋯

Eu vibraria só agonisante
Sobre o seu corpo d'extases dourados, Se fosse aqueles seios transtornados, Se fosse aquele sexo aglutinante…

De embate ao meu amor todo me rúo, E vejo-me em destroço até vencendo: É que eu teria só, sentindo e sendo Aquilo que estrebucho e não possuo.

Paris—maio 1913.

X
Alem-tedio

Nada me expira já, nada me vive— Nem a tristeza nem as horas belas. De as não ter e de nunca vir a tê-las, Fartam-me até as coisas que não tive.

Como eu quisera, emfim d'alma esquecida, Dormir em paz num leito d'hospital··· Cansei dentro de mim, cansei a vida De tanto a divagar em luz irreal.

Outróra imaginei escalar os ceus Á força de ambição e nostalgia, E doente-de-Novo, fui-me Deus No grande rastro fulvo que me ardia.

Parti. Mas logo regressei á dôr, Pois tudo me ruíu··· Tudo era igual: A quimera, cingida, era real, A propria maravilha tinha côr!

Ecoando-me em silencio, a noite escura Baixou-me assim na

queda sem remedio; Eu proprio me traguei na profundura,
Me sequei todo, endureci de tedio.

E só me resta hoje uma alegria: É que, de tão iguais e tão vazios, Os instantes me esvoam dia a dia
Cada vez mais velozes, mais esguios…

Paris 1913—maio 15.

XI
Rodopio

Volteiam dentro de mim, Em rodopio, em novelos, Milagres, uivos, castelos, Forcas de luz, pesadelos, Altas torres de marfim.

Ascendem helices, rastros··· Mais longe coam-me soís; Ha promontorios, farois, Upam-se estatuas d'herois, Ondeiam lanças e mastros.

Zebram-se armadas de côr, Singram cortejos de luz, Ruem-se braços de cruz,
E um espelho reproduz,
Em treva, todo o esplendor···

Cristais retinem de medo, Precipitam-se estilhaços,
Chovem garras, manchas, laços··· Planos, quebras e espaços
Vertiginam em segredo.

Luas d'oiro se embebedam, Rainhas desfolham lirios; Contorcionam-se cirios, Enclavinham-se delirios.
Listas de som enveredam⋯

Virgulam-se aspas em vozes, Letras de fogo e punhais;
Ha missas e bacanais, Execuções capitais, Regressos, apoteoses.

Silvam madeixas ondeantes, Pungem labios esmagados, Ha corpos emmaranhados, Seios mordidos, golfados, Sexos mortos d'anseantes⋯

(Ha incenso de esponsais, Ha mãos brancas e sagradas, Ha velhas cartas rasgadas,
Ha pobres coisas guardadas— Um lenço, fitas, dedais⋯)

Ha elmos, troféus, mortalhas, Emanações fugidias, Referencias, nostalgias, Ruinas de melodias, Vertigens, erros e falhas.

Ha vislumbres de não-ser, Rangem, de vago, neblinas;

Fulcram-se poços e minas, Meandros, pauis, ravinas Que não ouso percorrer...

Ha vácuos, ha bolhas d'ar, Perfumes de longes ilhas, Amarras, lemes e quilhas— Tantas, tantas maravilhas Que se não podem sonhar!...

Paris—maio 1913.

XII
A Queda

E eu que sou o rei de toda esta incoerencia, Eu proprio turbilhão, anseio por fixa-la
E giro até partir⋯ Mas tudo me resvala Em bruma e sonolencia.

Se acaso em minhas mãos fica um pedaço d'ouro, Volve-se logo falso⋯ ao longe o arremesso⋯ Eu morro de desdem em frente dum tesouro, Morro á mingua, de excesso.

Alteio-me na côr á força de quebranto,
Estendo os braços d'alma—e nem um espasmo venço!⋯ Peneiro-me na sombra—em nada me condenso⋯ Agonias de luz eu vibro ainda emtanto.

Não me pude vencer, mas posso-me esmagar,
—Vencer ás vezes é o mesmo que tombar— E como inda sou luz, num grande retrocesso, Em raivas ideais, ascendo até ao

fim:

Ólho do alto o gelo, ao gelo me arremesso···

. . . .

Tombei···

E fico só esmagado sobre mim!···

Paris 1913—maio 8.

내가 죽거든
깡통을 두드려 주세요

*Quando eu morrer
batam em latas*

Quando eu morrer batam em latas
내가 죽거든 깡통을 두드려 주세요

Roupam aos berros e aos pinotes-
소리치시고 펄쩍 뛰시며 장례를 치뤄주십시오.
Façam estalar no ar chicotes,
채찍을 허공에 찢듯 울리시고,
Chamem palhaços e acrobatas.
광대와 곡예사도 꼭 불러주십시오.
Que o meu caixão vá sobre um burro
안달루시아식으로 치장한 당나귀 등에
Ajaezedo à andaluza:
제 관을 실어 보내주십시오.
A um morto nada se recusa,
죽은 자에게는 무엇이든 허락될 수 있을 테지요.
E eu quero por força ir de burro…
저는 반드시, 당나귀를 타고 떠나야만 합니다.

매니큐어
Manucure

Na sensação de estar polindo as minhas unhas,
손톱을 다듬는 감각 속에서-
Súbita sensação inexplicável de ternura,
불쑥 설명할 수 없는 다정함이 스며든다.
Tudo me incluo em Mim - piedosamente.
그 감각 안에서 나는 조용히 나를 감싼다.

Entanto eis-me sozinho no Café:
하지만 나는 이 낯선 카페 한가운데 여전히 혼자이고
De manhã, como sempre, em bocejos amarelos.
아침은 여느 때처럼 누르스름한 하품을 흘린다.

De volta, as mesas apenas - ingratas
돌아보면 무정한 탁자들뿐이다.

E duras, esquinadas na sua desgraciosidade

네모진 사물들, 냉랭하게 자리 잡은 것들

Bocal, quadrangular e livre-pensadora…

말은 없지만, 사상은 넘쳐흐른다고 착각하는 존재들.

Fora: dia de Maio em luz

창밖은 5월—빛으로 가득한 하루

E sol – dia brutal, provinciano e democrático

잔혹할 만큼 촌스럽고, 무차별적인 태양

Que os meus olhos delicados, refinados, esguios e citadinos

도시적인, 세심하고, 날렵한 나의 눈은

Não podem tolerar – e apenas forcados

도무지 견딜 수 없기에

Suportam em náuseas.

억지로만 속을 억누르며 버틸 뿐이다.

Toda a minha sensibilidade

내 감각 전체는

Se ofende com este dia que há-de ter cantores

노래하는 자들이 가득할 이 하루에 벌써 상처받는다.

Entre os amigos com quem ando às vezes –

가무잡잡하고, 거칠고, 콧수염이 풍성한

Trigueiros, naturais, de bigodes fartos –

가끔 어울리는 그 친구들 틈에서

Que escrevem, mas têm partido político

글이 아닌 정치적 당파를 쓰고

E assistem a congressos republicanos,

안락을 경배한 공화당 총회에 앉아,

Vão às mulheres, gostam de vinho tinto,

여자를 좇고, 붉은 와인을 즐기고

De peros ou de sardinhas fritas…

배 한 조각이나 튀긴 정어리를 즐기는 사람들…

E eu sempre na sensação de polir as minhas unhas

그 속에서 나는 여전히 손톱을 매만지는 감각에 잠겨 있고

E de as pintar com um verniz parisiense,

파리산 광택제를 바르며

Vou-me mais e mais enternecendo

나는 조심스레, 나에게 녹아내리며

Até chorar por Mim…

그리고—나를 위해 끝내 울고 만다…

Mil cores no Ar, mil vibrações latejantes,

공기엔 수천 가지 색과 떨림이 맥동하고

Brumosos planos desviados

안개 낀 면들이 비껴 흘러가며

Abatendo flechas, listas volúveis, discos flexíveis,
흐릿한 선들과 흔들리는 원들이 쏟아지듯 떨어진다.
Chegam tenuamente a perfilar-me
그 모든 것들이 희미하게 내 윤곽을 따라 드리운다.

Toda a ternura que eu pudera ter vivido,
내가 살아낼 수도 있었던 모든 다정함과
Toda a grandeza que eu pudera ter sentido,
느낄 수 있었던 모든 위엄,
Todos os cenários que entretanto Fui…
그리고 내가 한때였던, 수많은 장면들…

Eis como, pouco a pouco, se me foca
그 모든 것이 조금씩 또렷해진다―

A obsessão débil dum sorriso

희미한 미소 하나에 대한 병적인 집착

Que espelhos vagos reflectiram…

어렴풋한 거울들이 어쩌다 비추었던 그 미소

Leve inflexão a sinusar…

가늘게 휘어진 곡선 하나로 흔들리고

Fino arrepio cristalizado…

얇은 전율이 유리처럼 얼어붙고

Inatingível deslocamento…

닿을 수 없는 어딘가로 멀어지고

Veloz faúlha atmosférica…

한 줄기 대기의 불꽃처럼 번쩍이고 사라진다.

E tudo, tudo assim me é conduzido no espaço

모든 것이, 이렇게 나를 공중의 흐름 속으로 데려간다.

Por inúmeras intersecções de planos

수많은 면들이 겹쳐지는 교차점들을 지나

Múltiplos, livres, resvalantes.

겹치고, 자유롭게, 미끄러지는 공간 속에서

É lá, no grande Espelho de fantasmas

그곳, 유령들로 일렁이는 거대한 거울 속에서

Que ondula e se entregolfa todo o meu passado,

내 과거가 물결치며 뒤엉키고

Se desmorona o meu presente,

나의 현재는 무너지고

E o meu futuro é já poeira…

미래는 이미 흩어진 먼지일 뿐이다.

Deponho então as minhas limas,

그제야 나는 손톱을 다듬던 줄칼을 내려놓고

As minhas tesouras, os meus godets de verniz,

가위도, 광택제 병도 조용히 곁에 둔 채

Os polidores da minha sensação –

나의 감각을 빛내던 도구들은—모두, 이제 닿지 않는다.

E solto meus olhos a enlouquecerem de Ar!

나는 내 눈을 던진다—미쳐 가는 공기 속으로

Oh! poder exaurir tudo quanto nele se incrusta,

아—그 안에 깃든 모든 것을 소진해 버릴 수 있다면

Varar a sua Beleza – sem suporte, enfim! –

바칠 곳 없는 그 아름다움을 꿰뚫어 버릴 수 있다면!

Cantar o que ele revolve, e amolda, impregna,

그 안에서 뒤섞이고, 구부러지고, 스며드는 것을 노래할 수 있다면

Alastra e expande em vibrações:
떨림 속에 번지고, 확장되어 가는 그것을—

Subtilizado, sucessivo – perpétuo ao Infinito!…
점점 더 가늘어지고, 더 가벼워지고, 더 분열되며,
끝내는 무한을 향해 자멸하는 감각!
Que calotes suspensas entre ogivas de ruínas,
폐허의 척추 사이에 매달린 반쯤 무너진 돔들!
Que triângulos sólidos pelas naves partidos!
부서진 삼각형, 쪼개진 첨탑, 가톨릭의 지붕 아래 흩뿌려진 기하학!
Que hélices atrás dum voo vertical!
수직으로 날아오른 금속의 뒷자락에서 감기며 찢어지는 나선의 고리들!
Que esferas graciosas sucedendo a uma bola de ténis!
테니스공 뒤를 쫓는 투명한 구체들, 공기 속에서 부유하며,
형체를 가지려다 끝내 터지는 아름다움!

- Que loiras oscilações se ri a boca da jogadora…

금발이 출렁인다. 그녀의 입가에서, 웃음처럼.

- Que grinaldas vermelhas, que leques, se a dançarina russa,

붉은 화관이 피어오르고 부채가 칼처럼 펼쳐진다.

Meia nua, agita as mãos pintadas da Salomé

러시아 무희가 반쯤 벗은 채 살로메의 손으로 무대를 쓸어내린다면-

Num grande palco a Oiro! - Que rendas outros bailados!

금빛 무대는 폭발하리라! 그저 다른 춤들은 찢겨진 레이스 장식일 뿐이다!

Ah! mas que inflexões de precipício, estridentes, cegantes,

아! 절벽처럼 꺾이는, 날카롭고 눈부신 궤도들-

Que vértices brutais a divergir, a ranger,

갈라지고 삐걱대는 날끝들,

Se facas de apache se entrecruzam

마치 아파치의 칼날이

Altas madrugadas frias…
새벽의 냉기 속에서 교차하듯

E pelas estações e cais de embarque,
그리고 역과 부두를 가로지르며
Os grandes caixotes acumulados,
쌓여 있는 커다란 나무 상자들,
As malas, os fardos – pêle-mêle…
가방, 짐꾸러미들이 뒤섞인 채…
Tudo inserto em Ar,
모든 것이 공기 속에 떠 있고
Afeiçoado por ele, separado por ele
공기에 의해 깎이고, 나뉘며
Em múltiplos interstícios
수많은 틈 사이로 스며든다.

Por onde eu sinto a minh'Alma a divagar!⋯

그 틈으로, 나의 영혼이 떠돌고 있음을 느낀다!

− Ó beleza futurista das mercadorias!

오, 이 조잡한 상품들에서 피어나는 기묘한 아름다움이여!

− Sarapilheira dos fardos,

거칠게 감싼 포장 천이여,

Como eu quisera togar-me de Ti!

난 너로 옷을 지어 입고 싶었다!

− Madeira dos caixotes,

상자의 나뭇결이여,

Como eu ansiara cravar os dentes em Ti!

너를 갈기갈기 물어뜯고 싶을 만큼 갈망했다!

E os pregos, as cordas, os aros⋯

못들, 끈들, 고리들⋯

‒ Mas, acima de tudo,

하지만 무엇보다도

Como bailam faiscantes,

반짝이며 춤추는 것들

A meus olhos audazes de beleza,

내 대담한 눈 안에서 번쩍이며

As inscrições de todos esses fardos ‒

그 모든 짐꾸러미에 적힌 글자들―

Negras, vermelhas, azuis ou verdes ‒

검정, 붉음, 파랑, 초록의 표식들―

FRÁGIL! FRÁGIL!

파손주의! 파손주의! 나는 손톱 위를 달리는 무명의 기차.

843 ‒ AG LISBON / 492 ‒ WR MADRID

843 ‒ 리스본 출발/ 492 ‒ 마드리드 도착

Ávido, em sucessão da nova Beleza atmosférica,

나는 갈망하며, 새로 도착한 대기의 아름다움을 따라 미끄러지다,

O meu olhar coleia sempre em frenesis de absorvê-la

내 시선은 흡수하려는 열망에 중독된 채, 끝없이 주변을 훑는다.

À minha volta. E a que mágicas, em verdade, tudo baldeado

그리고 내 주변 모든 것이 마법처럼 뒤집힌다.

Pelo grande fluido insidioso,

은밀하게 흐르는 유동의 파도, 그것에 휩쓸리며,

Se volve, de grotesco – célere,

세계는 기괴하게, 빠르게,

Imponderável, esbelto, leviano… –

무게 없이, 뾰족하게, 가볍게–형태도, 감정도 바꿔 간다.

Olha as mesas… Eia! Eia! Lá vão todas no Ar às cabriolas,

이것 좀 봐… 테이블들이 뛰어올라! 지금! 공중제비를 돌면서 다 튕겨 나가!

Em séries instantâneas de quadrados

순식간에 사각형들이 줄지어 솟구치고,

Ali – mas já, mais longe, em losangos desviados…

방금 거기 있던 것들이 벌써 더 멀리 마름모꼴로 퍼져 나간다!

E entregolfam-se as filas indestrinçavelmente,

줄들이 얽히고 섞이고,

E misturam-se às mesas as insinuações berrantes

탁자 사이사이로

Das bancadas de veludo vermelho

붉은 벨벳 벤치의 곡선들이 요란하게 기어들어 와!

Que, ladeando-o, correm todo o Café…

카페 전체를 따라 흘러, 뱀처럼, 불빛처럼!

E, mais alto, em planos oblíquos,

위를 봐—위! 비스듬한 평면 위로

Simbolismos aéreos de heráldicas ténues

문장 같은 형상들이 떠다니고 있어,

Deslumbram os xadrezes dos fundos de palhinha

의자 등받이의 짚 무늬 위에서 격자처럼 반짝여!

Das cadeiras que, estremunhadas em seu sono horizontal,

저기 저 의자들 마치 죽은 듯 누워 있던 것들이

Vá lá, se erguem também na sarabanda…

벌떡! 일어났어! 소란한 사라방드 장단에 맞춰 춤추듯이!

Meus olhos ungidos de Novo,

새 기름에 윤활된 내 눈이

Sim! – meus olhos futuristas, meus olhos cubistas, meus olhos interseccionistas,

그래! 내 미래주의적 눈, 입체주의적 눈, 분할주의적 눈이

Não param de fremir, de sorver e faiscar

끊임없이 떨고, 마시고, 불꽃을 튀기네

Toda a beleza espectral, transferida, sucedânea,

흘러가고, 변형되고, 대체된 모든 스펙트럼의 아름다움을,

Toda essa Beleza-sem-Suporte,

내가 지탱할 수 없는 그 모든 아름다움을,

Desconjuntada, emersa, variável sempre

해체되고, 부유하며, 끊임없이 변하는 그것을

E livre – em mutações contínuas,

자유롭고, 끊임없이 변화하며

Em insondáveis divergências··· –

헤아릴 수 없이 갈라지는 그것을···

– Quanto à minha chávena banal de porcelana?

···아, 맞다. 내 도자기 찻잔. 어쨌냐고?

Ah, essa esgota-se em curvas gregas de ânfora,

아, 그건 그냥 그리스식 항아리 곡선 속에 빠져 녹았지 뭐.

Ascende num vértice de espiras

금빛 나선의 꼭짓점으로, 빙글빙글··· 빙글··· 올라가더라.

Que o seu rebordo frisado a oiro emite···

금테 둘린 가장자리가 퍼뜨린 그··· 그 소용돌이에 휘말려서 거기까지 간 거지.

É no ar que ondeia tudo! É lá que tudo existe!···

다 거기, 공기 속에서 흔들리고 있으니 결국 거기서만 존재하는 거 아닌가!

(…Dos longos vidros polidos que deitam sobre a rua,)

(…거리를 향해 드리운 긴 유리창을 통해,)

Agora, chegam teorias de vértices hialinos

그 틈으로 맥동하듯 밀려오는 유리 꼭짓점의 이론들,

A latejar cristalizações nevoadas e difusas.

뿌옇게 떨리는 결정의 진동들

Como um raio de sol atravessa a vitrine maior,

쇼윈도를 가로지르는 햇빛 한 줄기—

Bailam no espaço a tingi-lo em fantasias,

공간이 환상으로 물들며 춤추다,

Laços, grifos, setas, ases — na poeira multicolor —

리본이랑 문양도, 화살표, 에이스도. 다채로운 먼지들 사이로 흩어졌더라.

비참한 인생

Crise lamentável

Gostava tanto de mexer na vida,

나는 정말 살아보고 싶었다.

De ser quem sou – mas de poder tocar-lhe …

그저 내가 나인 채로, 이 삶에 손을 대보고 싶었다.

E não há forma: cada vez mais perdida

그러나 그럴 방법이 없이 갈수록 더 멀어지기만 한다.

Mas a destreza de saber pegar-lhe.

다만, 다가가는 요령만 조금 배웠을 뿐.

Viver em casa como toda a gente,

다른 사람들처럼 평범하게 집에서 살고,

Não ter juízo nos meus livros – mas

무질서한 내 시들이 나를 위해 망가져도,

Chegar ao fim do mês com as

한 달 끝자락에는

Despesas pagas religiosamente.

고지서들을 말끔히 치를 수 있는 사람.

Não ter receio de seguir pequenas

골목을 걷다가 이성을 마주치면

E convidá-las para me pôr nelas –

겁내지 않고 먼저 다가가서, 그들 속으로 슬며시 들어갈 수 있는 사람

À minha torre ebúrnea abrir janelas

내 상아탑에 창문 하나를 열고,

Numa palavra, e não fazer mais cenas.

이제 더는 추한 모노드라마를 끝낼 수 있는 사람.

Ter força um dia para quebrar as roscas

어느 날은 힘을 내서 이 지긋지긋한 나사들을 부러뜨리고,

Desta engrenagem que emperrando vai.

이 기계처럼 걸려 있는 나를 확 밀어 버리고,

- Não mandar telegramas ao meu pai

아버지께 전보 같은 건 보내지 않아도 되고,

- Não andar por Paris, como ando, às moscas.

파리 거리를 그렇게 허우적거리며 떠도는 일도 없는 사람.

Levantar-me e sair - não precisar

아침에 벌떡 일어나서 바로 나갈 수 있고,

De hora e meia antes de vir prá rua.

길에 나서기 전에 한 시간 반씩 허비하지 않아도 되는 사람.

Pôr termo a isto de viver na lua,

달나라에서 사는 것 같은 이 생활을 끝낼 수 있고,

- perder a frousse das correntes de ar.

바람이 들어오는 창문이 두렵지 않은 사람.

Não estar sempre a bulir, a quebrar coisas

늘 불안하게 손을 놀리며, 친구 집마다 무언가를 깨뜨리지 않고,

Por casa de amigos que frequento –

이상한 이야기들에 빠지지도 않고,

Não me embrenhar por histórias duvidosas

그 이야기들이 사실은 전부 내 환상 속에만 있는 줄 알면서도,

Que em fantasia apenas argumento.

끝내 들어가 버리는 그런 내가 아닌 사람.

Que tudo em mim é fantasia alada,

내 안엔 오직 날개 달린 환상만이 있어,

Um crime ou bem que nunca se comete:

범죄든 선행이든, 끝내 실행된 건 없다.

E sempre o oiro em chumbo se derrete

그리고 언제나처럼 황금은 언제나 납으로 녹아내린다.

Por meu azar ou minha zoina suada …

내 불운 탓인지 아니면 그냥 땀에 절은 내 소심함 탓인지…

환영(幻影)
O Fantasma

O que farei na vida - o Emigrado

나는 인생에서 무엇을 할까―이방인이 된 채로.

Astral após que fantasiada guerra,

별들의 망상 속 전쟁이 지나간 뒤,

Quando este Oiro por fim cair por terra,

마침내 이 황금이 땅바닥에 떨어진다면,

Que ainda é Oiro, embora esverdinhado?

이 녹슨 황금을 황금이라 불러주는 이가 있을까?

(De que revolta ou que país fadado?

(도대체 어떤 반란, 어떤 저주받은 나라에서 왔는가?

Pobre lisonja a gaze que me encerra…

날 감싸는 이 초라한 거즈 같은 찬사는 얼마나 무의미한가…

Imaginária e pertinaz, desferra

끈질기고 상상으로만 된, 이 풀리지 않는 족쇄는

Que força mágica o meu pasmo aguado?)

어떤 마법 같은 힘으로 내 흐릿한 경악을 잡아끄는가?)

A escada é suspeita e é perigosa:

어디로 오를지 모를 계단은 의심스럽고, 위험하다:

Alastra-se numa nódoa duvidosa,

그 위로 번지는 건 불분명한 얼룩,

Pela alcatifa, os corrimões partidos…

카펫은 얼룩졌고, 난간은 부서진 채…

Taparam com rodilhas o meu norte,

내 북극성을 향한 나침반은 헝겊으로 덮여 있고,

As formigas cobriram a minha sorte,

개미들이 나타나 내 운명을 뒤덮으며,

Morreram-me meninos nos sentidos…

내 감각 속 소년들은 모두 죽어버렸다…

황제
El-Rei

Quando chego o piano estala agoiro

내가 들어서면, 피아노가 숨죽인 공기를 찢는다.

E medem-se os convivas logo, inquietos;

사람들은 불안하게 나를 재보며 시선을 돌린다.

Alargam-se as paredes, sobem os tectos;

벽은 벌어지고, 천장은 치솟는다.

Paira um Luxo de uma Adaga em mão de moiro.

사라센의 손에 들린 단검 하나가 화려한 위협처럼 허공을 맴돈다.

Meu intento porém é todo loiro

하지만 내 마음은 밝고 조용했고, 해를 끼칠 뜻은 없었다.

E a cor-de-rosa, insinuando afectos,

장밋빛 감정을 따라, 나는 그저 다가가고 싶었을 뿐이었다.

Mas ninguém se me expande···os meus dialectos

아무도 나에게 마음을 열지 않고 내 말투와 감정은, 끝내 닿지 못했다.

Frenesis ninguém brilha! Excesso de Oiro…
그들 눈엔 광기로만 보였다, 너무도 황금빛이었기에, 그들은 그 황금빛 앞에서 눈을 감았다.

Meu Dislate a conventos longos orça.
나의 실언은 길게 뻗은 수도원들에 차갑게 메아리 친다.
Pra medir minha zoina, aquém e além,
내 마음의 무게를 재려면, 나의 안쪽과 바깥쪽, 모든 경계를 걷고 또 넘어야 했으리라.
Só mítica, de alada, esquia corça.
신화 속 날개 달린 여린 사슴 정도는 되어야 비로소 내 안에 닿을 수 있었을 것이다.

Quem me convida mesmo não faz bem:
나를 초대한 이조차 끝내 나를 받아들이지 못했고

Intruso ainda quando, à viva força,

내가 온 마음을 다해 문을 열고 들어섰다 해도 나는 여전히 침입자였으며

A sua casa me levasse alguém…

누군가 나를 데려간 그 집에서도 나는 결국, 그 공간의 그림자조차 되지 못했다.

페르소나
Aquele Outro

O dúbio mascarado — o mentiroso

의심스러운 가면을 쓴 자—천연덕스러운 거짓말쟁이,

Afinal, que passou na vida incógnito

결국, 삶을 슬그머니 빠져나간 익명자.

O Rei-lua postiço, o falso atónito

위장된 달빛의 군주, 연기된 놀라움을 달고 사는 자,

Bem no fundo, o cobarde rigoroso.

속은 얼어붙은 채로, 비겁함에 점철된 겁쟁이.

Em vez de Pajem, bobo presunçoso.

시종 하나 되지 못한 채, 우쭐대는 어릿광대나 된 놈.

Sua Alma de neve, asco dum vómito—

눈처럼 희다 자부한 영혼은, 토사물 같은 혐오만 남겼고

Seu ânimo, cantado como indómito,

기개랍시고 추켜세워진 그 의지는

Um lacaio invertido e pressuroso.
실은 부지런한 하인, 그것도 거꾸로 된 조롱거리.

O sem nervos nem Ânsia — o papa-açorda,
신경도 열망도 없는 인간—죽이나 퍼먹는 무력한 허깨비,
(Seu coração talvez movido a corda…)
(그 심장은 어쩌면 태엽으로나 돌았겠지…)
Apesar de seus berros ao Ideal.
입으로는 이상이니 정의니 떠들어댔지만.

O raimoso, o corrido, o desleal —
증오에 들끓고, 쫓겨나고, 충성도 없는 자—
O balofo arrotando Império astral:
별빛의 제국을 트림으로 뱉어내던 허세 덩어리,
O mago sem condão — o Esfingegorda…
마법이라곤 눈곱만큼도 없는 사기꾼—살찐 스핑크스.

『내가 죽거든 깡통을 두드려 주세요』
해설 에세이

마리우 드 사-카르네이루의 시와 생애에 대하여

　마리우 드 사-카르네이루(Mário de Sá-Carneiro, 1890~1916)는 포르투갈 모더니즘 문학을 대표하는 시인이자 소설가로, 생애 대부분을 내면의 혼란과 예술적 강박 속에서 보냈다. 그가 남긴 시들은 자아의 분열, 현실로부터의 이탈, 미학적 강박, 죽음에 대한 매혹 등을 중심으로 형성된다. 이 시집은 그의 대표작 다섯 편을 중심으로, 각각의 시가 마리우의 삶과 어떻게 연결되어 있으며, 20세기 초 포르투갈 및 유럽의 시대정신과 어떤 관계를 맺고 있었는지를 살펴본다.

　「Quando eu morrer batam em latas(내가 죽거든 깡통을 두드려주세요)」는 유언의 시이다. 겉보기에는 해학적인 장례식 풍경을 요청하는 것처럼 보이지만, 그 이면에는 자기 존엄의 상실에 대한 깊은 자조가 깔려 있다. 마리우는 1916년 파리에서 생을 마감하기 직전까지 극심한 심리적 고통과 환각 증세를 겪었으며, 유서와도 같은 이 시에서는 죽음조차 조롱당한 희극처럼 연출되기를 바라는 자조가 느껴진다.

"죽은 자에게는 무엇이든 허락될 수 있을 테지요"라는 구절은, 살아 있는 동안 온전한 이해와 환대를 받지 못한 자의 최후 고백이기도 하다. 이 시는 마리우의 절망이 '광대의 언어'로 위장된 하나의 슬픈 퍼포먼스로 읽힌다.

「Manucure」는 한 개인이 자신의 미감과 내면 감각에 고도로 침잠해 들어가는 과정을 묘사한다. 이 시는 카페에 앉아 손톱을 다듬는 화자의 섬세한 행위로 시작되며, 그 주변의 세계는 점차 해체된다. 미래주의적 시각, 입체주의적 감각의 언어를 통해, 시적 주체는 사물의 형태가 무너지는 경험을 반복한다. 마리우가 1910년대 초 파리에서 활동할 당시, 그는 쿠보-퓨처리즘(Cubo-Futurism)[1]의 영향을 깊게 받았으며, 같은 시기 친구였던 페르난두 페소아와의 서신에서 자주 '감각의 폭발'과 '존재의 해체'에 대한 강박을 드러냈다. 「Manucure」는 이러한 시대적 예술 실험의 한복판에서, 마리우 개인의 불안정한 정체성과 예민한 감각이 가장 극적으로 구현된 작품이라 할 수 있다.

・・・・・
1) 쿠보-퓨처리즘(Cubo-Futurism): 입체주의(Cubism) + 미래주의(Futurism)가 결합된 전위적 미술·문학 사조로, 특히 러시아 아방가르드와 프랑스 모더니즘에서 활발했다.

「Crise lamentável(비참한 인생)」은 살고 싶다는 시인의 고백으로 시작된다. 하지만 화자는 곧 그것이 불가능함을 깨닫는다. 이 시는 예술적 삶에 대한 열망과 동시에, 평범하고 안정적인 일상에 대한 그리움을 병치하며 구성된다. 시인이 "이 삶에 손을 대보고 싶었다"라고 말하는 순간, 그것은 곧 불가능한 삶의 방식으로 전환된다. 마리우는 생전 가족과의 갈등, 재정적 의존, 정신적 불안정으로 인해 독립된 삶을 거의 영위하지 못했다. 그가 바랐던 삶은 단지 예술을 위한 삶이 아니라, 아주 소박한 현실성과 균형을 품은 것이었는지도 모른다. '비참한 인생'은 그 가능성조차 부정된 현실을, 그 어떤 장식 없이 가장 솔직하게 드러낸 시다.

「El-Rei(황제)」는 장엄한 제목과 달리, 그 속에 등장하는 자아는 고립되고 거부당한 존재다. 화자가 공간에 들어서는 순간 주변의 반응은 과잉된다. 피아노는 갈라지고, 사람들은 그를 경계한다. 그는 순수한 의도로 다가가려 하지만, 타인들은 그를 위협적 존재로 인식한다. 이 시는 마리우가 느꼈던 타인과의 소통 불가능성, 사회적 정체성의 붕괴를 상징적으로 표현한다. 1910년 포르투갈 왕정은 무너졌고, 공화국이 수립된 이후 지식인 사회는 급격한 이념 분열을 겪었다. 마리우는 이러한 정치적 격동과도 거리를 두었고, 오히려 점점 더 내면의 궁정 속으로 후퇴했다. 「El-Rei」의 '황제'는 실제로는 아무 곳에도 속하지 못한 자의 상징이며, 마리우 자신의 자화상이라 할 수 있다.

「Aquele Outro(페르소나)」는 자신이 아닌 누군가를 조롱하는 시처럼 보인다. 하지만 시의 말미에 다다를수록, 그 조롱은 자기 자신에게 향한다. 화자는 위선적인 인물, 공허한 이상주의자, 허세와 허약함의 혼합체를 가차 없이 해체한다. 이 시는 마리우가 죽기 전 남긴 마지막 시 중 하나로, 그의 자기 인식이 얼마나 극단으로 치달았는지를 보여준다. '마법 없는 마법사', '살찐 스핑크스' 같은 구절은 그가 과거에 지녔던 문학적 이상과 자의식이 완전히 무너졌음을 상징한다. 이 시에서 마리우는 더 이상 자신을 미화하지 않는다. 오히려 끝까지 자신을 부정함으로써, 마지막 남은 진실에 도달하고자 한다.

마리우 드 사-카르네이루의 시는 자아에 대한 탐구이자 실패의 연대기이다. 그는 감각을 밀어붙였고, 정체성을 해체했으며, 현실과 타인의 세계에서 자신을 추방했다. 그에게 시는 하나의 실험이자 고백이었으며, 종종 예언처럼 죽음을 암시했다. 번역한 총 다섯 편의 시는 마리우 시의 핵심을 집약하고 있으며, 각각의 시는 그의 생애와 시대를 반영하는 하나의 거울로 기능한다. 이 시들을 통해 우리는 20세기 초 유럽 예술가의 고통, 그리고 이해받지 못한 자의 언어를 다시 만나게 된다.

옮긴이 서평

파편의 기억, 무너진 윤곽들
"마리우 드 사-카르네이루를 읽으며"

*

마리우 드 사-카르네이루는 현대 독자에게 낯설고 불편한 시인일 수 있습니다. 『산란의 자화상(Dispersão)』보다 더욱 처참하게 그의 감정이 예민해지며, 문장은 산산조각 납니다. 이 불편함은 매우 필연적입니다. 우리는 지금의 감각으로 1910년대 포르투갈을, 전쟁 전야의 유럽을, 그리고 모더니즘이 실은 어떤 절벽 위에서 출발했는지를 잊고 있기 때문입니다.

1908년 국왕이 암살되고 1910년 공화정이 수립된 포르투갈은 극심한 정치 혼란에 휘말려 있었습니다. 그러나 정치보다 더 근본적인 위기는 존재에 대한 불확실성이었습니다. 종교와 왕정, 철학적 낙관이 무너진 시대에, 젊은 지식인들은 인간의 내면으로 깊이 침잠하거나, 반대로 철저한 감각의 세계로 도망쳤습니다. 마리우는 후자에 가까웠습니다. 그는 자신을 해체하면서까지 감각을 밀어붙였고, 그 끝에서 무너져 내렸습니다. 그는 자살을 선택했지만, 그의 시는 죽음을 노래한 것이 아니라 '살고 싶었으나 도달하지 못한 감각의 절망'을 기록한 것이었습니다.

비슷한 시기, 일본 제국이 붕괴되던 1945년 이후에도 수많은 청년 작가, 시인, 지식인들이 절망과 자기 해체의 길로 향했습니다. 마리우의 자살을 단순한 자멸로 해석한다면, 우리는 같은 질문을 해야 합니다. '왜 시대는 이토록 많은 젊은 정신들을 죽음으로 내몰았는가?' 이는 개인의 약함이 아니라 시대의 병증입니다.

마리우는 모더니즘의 한복판에 있었지만, 사실상 그 바깥을 살았습니다. 그는 미래에 도달하지 못한 모더니스트였고, 모더니즘조차 감당하지 못한 감각의 소유자였습니다. 그의 시는 미래의 건설보다, 붕괴의 아름다움을 탐닉하는 데카당티즘(Decadentism)의 궤적과 더 닮아 있습니다. 감각은 지나치게 예민했고, 비유는 조밀했으며, 그 안에는 언제 무너질지 모르는 자아가 들어 있었습니다. '과연 언어가 단 한번이나마 그를 구해 준 적이 있었을까?'라는 질문이 제 머릿속을 어지럽히기도 했습니다. 언어는 그를 끝내 구하지 못했기 때문에, 그는 점점 더 안으로, 더 깊이 파고들어 결국 아무도 따라갈 수 없는 어둠에 닿아 있었던 것 같습니다.

감히 고백하자면 처음에는 그를 이해할 수 없었습니다. 너무 감각적이었고, 너무 과장되었고, 너무 아팠습니다. 하지만 곧 깨달았습니다. 이해할 수 없어서, 오히려 더 매료되었다는 것을. 그는 누구보다 자신에게

정직했고, 때론 무너질 수밖에 없을 만큼 투명한 사람이었습니다. 그가 시를 쓴다는 것은 '삶을 견디는 방식'이었으며, 그 무너짐 속에서 끝까지 무너지지 않으려 애쓰는 마음이 공존했기에, 저는 그의 시 앞에서 쉽게 돌아설 수 없었습니다.

『내가 죽거든 깡통을 두드려 주세요』는 웃어야 할지 울어야 할지 알 수 없는 제목으로 시작하지만, 이내 공허함으로 물들고, 장난처럼 보였던 말들은 진심처럼 울려 퍼져 가슴을 아프게 만듭니다. 살아 있는 동안 그에게는 허락되지 않았던 것들, 그 모든 것을 그의 시는 담고 있습니다.

그는 자주 무너졌습니다. 과도했을지언정 조작하진 않았습니다. 그는 시를 통해 자신을 이해받고 싶어 했고, 그 누구보다 진지하게 자신을 사랑하려 했습니다. 마리우는 시인이라는 이름보다 '존재하는 사람'으로 기억되고 싶었던 이였습니다. 그의 시는 말하고 있습니다. "나는 살아 있었다"고. 그리고 그 외침이 여전히 들리는 한, 이 시집은 아직 끝나지 않았다고 말하고 싶습니다.

그가 왜 그토록 조각난 문장을 쓰면서도 한 편의 시를 포기하지 않았는지, 왜 그렇게 많은 초고와 미완의 파편을 남겼는지, 저는 조금은 알 것 같습니다. 그는 죽음을 택했으나, 그가 끝까지 쓰고자 했던 건 죽음이 아니라 살고 싶었다는 단 하나의 문장이었을지도 모릅니다. 그래서 저는 아직 그를 떠나보내지 못합니다. 이 시집을 덮고 나서도 그의 마지막 시구들이 제 마음속에 머물러서, 문득 불쑥 나타나 말을 걸기도 합니다.

마리우를 보내지 못한 채 이 글을 쓰고 있다는 사실은 슬프지만, 감사한 일입니다. 누군가의 마지막을 이렇게 오래 붙잡고 있었던 사실, 그 자체로 한 사람을 애도하는 방식일 수도 있다고 저는 생각합니다. 하지만 이 시집을 읽는 누군가도, 이 시들을 다 읽고 난 후에 그를 떠나보내기 힘들어지지 않기를 진정으로 바랍니다. 그래서 그도, 여러분들도 어디선가 조용히 안심할 수 있었으면 좋겠습니다. 누군가가 나를 기억하고 있다고, 누군가가 나를 이해하진 못해도 조용히 앉아 들어주고 있다고. 그 믿음 하나로 이 시들이 살아남았고, 그래서 여러분들도 충분히 존재한다고, 그래서 그는 진정으로 '존재'했던 사람이라고 저는 믿습니다.

2025년 여름

한유림 드림